AF468648

# PROCÈS DU MIROIR.

TRIBUNAL

DE POLICE CORRECTIONNELLE.

PRIX : 75 c.



A PARIS,
AU BUREAU DU MIROIR,
Rue Notre-Dame-des-Victoires, n° 40.
ET CHEZ TOUS LES MARCHANDS DE NOUVEAUTÉS.

DE L'IMPRIMERIE DE CONSTANT-CHANTPIE,
RUE SAINTE-ANNE, N° 20.

1821.

# PROCÈS DU MIROIR.

## *TRIBUNAL DE POLICE CORRECTIONNELLE.*

Les faits relatifs à l'action qui a été intentée le 4 mai par M. le procureur du Roi, au *Miroir*, sont trop connus pour que nous les relations ici. Nous ne ferons sur ces faits aucune des réflexions que leur nature, au moins singulière, aura déjà suggérées sans doute à toutes les personnes à la connaissance desquelles ils seront parvenus; la nouveauté de l'accusation et la gravité qu'elle a acquise dans les débats par la discussion intéressante à laquelle sa frivolité même avait donné lieu, ne seront pour nous l'objet d'aucune observation. Quelqu'inoffensives qu'elles pussent être, nous craindrions que l'interprétation ne leur prêtât un caractère que nous n'aurions pas voulu leur donner; nous nous en abstiendrons, pensant que nos lecteurs seront suffisamment éclairés sur le fond de la question et sur la forme du procès par la lecture des articles sur lesquels repose l'acte de miseen prévention, et des discours qui ont été prononcés par trois des accusés pour complément de la plaidoirie de Me Dupin.

Nous pensons toutefois qu'il nous sera permis de poser la question sur laquelle repose toute la procédure; la voici réduite à sa plus simple expression :

Être ou ne pas être ; *écrire ou briser sa plume.*

Nous venons maintenant à l'historique des débats.

Le cartel a été appelé, le vendredi 4 mai 1821, par l'huissier du tribunal. A la requête de M. l'avocat du Roi, motivée sur une erreur matérielle dans la forme de l'affaire, consistant en une assignation adressée à M. *Lemaire* l'humaniste, lorsqu'elle devait l'être à M. *Cauchois-Lemaire*, les juges ont renvoyé la cause à huitaine, et c'est vendredi 11 mai qu'elle a été appelée de nouveau et plaidée ainsi qu'on va le voir.

Après les questions d'usage adressées aux prévenus sur leurs noms et leurs qualités, M. de Ferrières, avocat du Roi, chargé de soutenir l'accusation, s'est appliqué à rechercher, dans les articles dénoncés, le caractère politique que leur prêtait le réquisitoire. Il a reconnu que ce caractère n'était pas tellement manifeste qu'il frappât d'abord tous les yeux ; mais il a établi qu'à l'aide du plus simple examen, il était facile d'y remarquer des allusions aux événemens qui ont récemment occupé l'Europe, et surtout des *sarcasmes* politiques ( mot nouveau dans la législation de la presse, dont Me Dupin s'est emparé dans sa réponse au ministère public. )

M. de Ferrières a cru devoir donner lecture au tribunal de tous les articles incriminés ; cette lecture a plusieurs fois excité la gaîté de l'auditoire. Les huissiers ont imposé silence aux sieurs, qui ont repris difficilement la gravité recommandée aux personnes qui assistent aux débats des cours judiciaires.

Voici la série des articles signalés par le procureur du Roi :

## N° 33 du journal.

### LITTÉRATURE ÉTRANGÈRE.

#### ROMANCE PIÉMONTAISE.

(Nous avons déjà donné un échantillon de poésie écossaise qui a paru plaire à nos lecteurs. Voici une imitation libre d'un *cansone* piémontais entièrement inédit. Ce morceau pourra leur donner une idée de la poésie nationale du Piémont.)

Qu'as-tu, belle Teresina? Tes doux yeux brillent d'une joie céleste ; le bonheur rayonne sur ton charmant visage, et je n'y vois plus la trace des noirs soucis qui te consumaient.

Que s'est-il passé? Ton sort vient-il de changer? Es-tu soustraite à la pénible contrainte sous laquelle tu gémissais? Es-tu libre enfin de choisir pour époux le bien-aimé de ton cœur?

Cependant j'ai vu l'odieux Tedesco, ce rival que j'abhorre, descendre dans la riante vallée de l'Eridan, et venir visiter ton père. Il a été accueilli avec des paroles d'alliance, et s'est assis à la table près de toi.

Il me repousse, ton père, ô Teresina. Mes manières franches le blessent ; il préfère le servile Tedesco. Mais que m'importe sa haine, si tu m'aimes, si tu jures que jamais Tedesco ne sera ton époux?

Je suis né au loin derrière les hautes montagnes qui bordent la vallée et l'abritent des vents humides du nord-ouest; mais je ne te suis pas étranger; je parle le doux langage de ton pays, et nous avons les mêmes pensées.

Non, je n'en puis plus douter, tu m'apportes des nouvelles favorables. Tes frères sont accourus comme le chasseur de la montagne; l'air retentit de leurs cris; Tedesco fuit, comme le cerf timide, les beaux lieux que tu habites, et ton père te laisse libre de choisir ton époux.

*Même numéro.*

— La barraque qui existe depuis plus de sept ans sur la place des Victoires, vient d'être entourée d'une enceinte de planches, que nécessitent probablement les travaux de la nouvelle statue qu'on veut y élever. Il résulte de cet encombrement et de la multitude de fiacres qui stationnent autour de ce projet de monument, qu'à vrai dire, nous n'avons plus de place des Victoires.

## N° 39.

— Nous tenons l'anecdote suivante d'un témoin oculaire: M. de ***, était, il y a quelques années, colonel d'une légion. Un matin, il fit un ordre du jour qu'il signa, et qui portait en substance que chaque officier du corps dont le commandement lui était confié, aurait à se pourvoir, sous le plus bref délai, d'*un parapluie uniforme*. La couleur de rigueur était le vert. Quelques jours après la promulgation de ce singulier *ordre du jour*, une réunion d'officiers est ordonnée pour une visite de corps; il faisait un temps déplorable; et la pluie, il faut le dire à la justification du prudent colonel, tombait par torrens. Tous les officiers se présentent chez lui en grande tenue, un parapluie à la main et l'épée au côté. Un seul capitaine n'avait pas jugé à propos de se conformer à l'ordre; M. le colonel lui adresse des reproches, et l'officier lui ayant fait observer qu'un parapluie ne se voyait guère entre les mains d'un militaire, le chef de corps irrité lui ordonne les arrêts. Quelques temps après, à une revue d'inspection, le général-inspecteur, en questionnant ce même officier, lui demande s'il a été puni dans le courant de l'année. Oui, mon général, répond le capitaine, j'ai subi quarante-huit heures d'arrêts; mais cela ne m'arrivera plus, j'ai maintenant un parapluie avec son étui.

# N° 40.

## D'UNE CERTAINE FAÇON DE PARLER POPULAIRE.

Qu'une analogie de couleur fasse donner aux mauvaises peintures le nom de *croûtes*, cela se conçoit; mais d'où peut venir cette locution, empruntée au vocabulaire de la pâtisserie, et appliquée à certaines inadvertances : *Faire une brioche?* L'étymologie en remonte-t-elle à *Bricché*, maître passé dans l'art des balourdises que notre langue, depuis qu'elle n'est plus naïve, appelle des naïvetés. Ou bien a-t-on trouvé dans la brioche qu'aiment beaucoup les enfans, et la brioche où se laissent aller les grandes personnes, quelque rapport de puérilité?

Quoi qu'il en soit de cette importante question, faire une brioche, c'est dire une sottise ou commettre, en parlant, une erreur plaisante, et qui fait rire aux dépens de celui qui l'a commise. La langue en tournant, comme on dit, dans la bouche, peut donner lieu à une brioche. Il y en a de toutes les espèces; et comme s'expriment les latins, toutes ne sont pas de même farine. Les unes proviennent de l'ignorance ou du manque d'esprit; les autres de la timidité, du défaut d'usage, ou de mémoire; la plupart sont l'effet d'une distraction : il en est qui tiennent à un vice habituel ou instantané de prononciation : ainsi, un bègue de nature fait journellement des brioches qui échappent parfois à l'orateur le plus disert que le trouble de ses idées ou la disette de bonnes raisons fait bégayer à l'audience ou à la tribune. L'improvisation, dans une mauvaise cause, est fertile en brioches. Il faut en dire autant de l'ivresse, de la colère, de l'amour, qui ne sont, à vrai dire, qu'une sorte d'ivresse; aussi bien que toutes les passions au moment de leur accès.

C'est alors qu'on fait des brioches que l'on voudrait bien avaler; car il en est qui ne sont que le cri de la conscience, ou qui trahissent le secret du cœur; et celles-là sont les plus dures et les plus amères. N'est-il pas arrivé à plus d'une femme de s'oublier, dans de tendres causeries, de prononcer, par brioche, auprès de l'amant du matin, le nom de l'amant du soir? N'est-ce pas par une brioche oratoire qu'un financier célèbre s'est servi dernièrement de l'épithète de la veille, à la place de l'épithète du jour, et qu'il a été obligé de se reprendre, comme s'il eût commis une faute de français?

Lorsque, il y a quelques années, à-propos du pain béni, un ancien seigneur s'écria au milieu de l'eglise : *Sacristain, apporte;*

c'était une vraie brioche : du moins, le maire de l'endroit le pensa ainsi. Aujourd'hui une pareille brioche exciterait beaucoup moins de scandale ; on y est accoutumé depuis que ces messieurs se sont partagé le gâteau.

## N° 48.

Véritable sentinelle de l'autorité, la *Quotidienne* qui entend malice à tout, annonçait hier que l'on trouve, chez plusieurs marchands, le joujou connu dans la révolution sous le nom d'*Emigrant*. *La Quotidienne* en tire des inductions que nous ne répéterons point ; cette feuille est en bonne humeur, elle le prouve en ne dénonçant qu'un joujou.

## N° 60.

— Un journal annonce qu'on va fonder des *petites maisons* où l'on enfermera les libéraux de toutes les nations. Cela rappelle le mot d'un *fou*, à qui un *sage*, ennemi des chartes et des constitutions, disait : Je ne sais, en vérité, de quel esprit de vertige sont à présent animés les peuples de l'Europe. Vous avez bien raison, répondit le *fou* ; tous les peuples sont des brigands, et les affaires n'iront bien qu'après qu'on en aura pendu trois ou quatre.

— On assure que Mme Catalani est attendue ces jours-ci à Paris. On sait qu'elle chante partout au profit des pauvres. Si elle veut chanter au profit d'une pauvre administration, nous nous chargeons de lui en indiquer.

## N° 65.

*Extrait d'un Vocabulaire inédit des gens du monde.*

Bon. Quand un ministre veut disposer d'une place, il ne s'informe pas si le candidat a des droits, des talens, de la probité, mais s'il est *bon.... à seconder les vues de votre parti ou les plans de votre ambition*, faut-il ajouter tout bas pour bien comprendre son excellence.

Dévouement. Formule de politique, dont l'usage veut qu'on ait soin d'accompagner cette pensée : *J'ai besoin de vous.*

Etats de Services. Certificats de vie où le maire de votre commune atteste que pendant les campagnes de l'armée française vous étiez en voyage.

FEMMES. Nos philosophes ont eu raison de déclamer d'abord, et de réclamer ensuite contre la traite des noirs : mais ne pourraient-ils pas trouver aussi le moyen d'abolir la traite des *blanches*? Dans les provinces, un avare épouse une femme riche ; à Paris, un ambitieux épouse une jolie femme.

FINESSE. *Un homme a de la finesse ; une femme a de la finesse ;* ces deux locutions, également usitées, sont loin de signifier la même chose : la finesse d'une femme consiste à engager sa promesse sans compromettre sa personne ; la finesse d'un homme, à engager sa peronne sans compromettre son caractère.

JACOBIN. Il y a vingt-cinq ans, on appelait ainsi ceux qui ne voulaient ni loi, ni roi. Aujourd'hui, on donne ce nom à quiconque veut l'un et l'autre.

NOUS. Façon de parler commune aux gens qui ne seraient plus rien s'ils étaient réduits au *je*.

PLAINTE. La plainte est un attentat que notre gouvernement ne pardonne jamais, disait l'autre jour un Turc ; par la raison que c'est une conspiration qui, quoique découverte, arriverait toujours à ses fins : les larmes des peuples sont d'autant plus dangereuses que les janissaires ne peuveut leur courir sus.

POLITIQUE. *Parler politique :* cette locution n'eût pas été comprisse à Athènes ; car au lycée on parlait *sur la politique*, et non pas *politique*. Nous serions trop heureux, si nos maîtres en fait de *politique* ne faisaient que des fautes de langue.

## N° 66.

Ce monsieur qui porte un si beau nom en *us*, disait hier à son voisin, un habitué d'un cabinet de lecture, est-il Romain? Oui monsieur, lui répondit-on, et, de plus, catolique et apostolique.

## N° 68.

### THÉATRE DE LA GALERIE DU PANORAMA COSMO-MÉCANICOS.

Tandis que nos grands seigneurs et nos belles dames des grands théâtres étaient en retraite dans leurs campagnes, ou figuraient aux splendeurs de Longchamp, les plus petits théâtres sortaient de leur obscurité, les escamoteurs, les phisiciens, les mécaniciens et les chevaux de Franconi manœuvraient à qui mieux mieux.

M. Henri a préludé à l'ouverture de son théâtre *cosmo-mécanicos* par des expériences sur l'électricité ; il paraît faire ses épreuves phisiques avec plus de plaisir qu'il n'en communiqu aux autres ; nous lui conseillons de varier ses tableaux ; quoiqu'on en dise, c'est plutôt le plaisir que l'instruction que l'on va chercher dans nos théâtres.

La seconde partie du spectacle de M. Henri est plus digne d'éloges.

Les personnages et les animaux qu'il fait circuler dans la forêt de Fontaibleau nous ont paru agir et marcher avec beaucoup de naturel ; ses lapins bondissent avec agilité, ses taureaux pâturent avec la gravité qui caractérise ce noble animal, et ses chevaux anglais vont un train de poste qui fait plaisir à voir.

Le second tableau, représentant le port de *Cette* d'après Vernet, laisse beaucoup à désirer pour l'exécution des effets de marine : les vaisseaux sont trop près du spectateur, les saluts de trois coups de canon ne retentissent pas assez long-temps, M. Henri aurait dû nous montrer un vaisseau *pavoisé*, il y a encore beaucoup de gens à Paris qui aimeraient à voir des pavillons étrangers.

Quoiqu'il en soit, ce nouveau théâtre est fait pour exciter la curiosité de ce genre de spectacle.

*Même Numéro.*

— *L'Echo du Nord*, du 20 de ce mois, contient un article de vingt-une ligne de points : ce n'est pas le moins piquant de cette feuille.

— Vingt-cinq mille pâtés viennent d'être confectionnés à St.-Lazare ; ils sont destinés aux indigens qui manquent de pain.

## N° 70.

Vous serez peut-être surpris, M. le *Miroir*, de voir figurer ensemble les noms de *Châtres* et *d'Arpajon* à cette époque ; mais c'est que déjà Châtres avait presque perdu sa première dénomination. La duchesse d'Arpajon, dame d'honneur de Marie-Anne-Victoire, femme de Monseigneur, avait acquis cette seigneurie en 1680, et tenait à ce qu'elle portât son nom. Le duc, son mari, avait imaginé, pour y parvenir, un moyen assez plaisant. Il demandait à chaque vilain qu'il rencontrait : « Où vas-tu »? et donnait un écu à ceux qui répondaient à *Arpajon*, et un coup de pied dans le derrière à ceux qui disaient à *Châtres*. Je ne cite au reste cette anecdote que pour vous faire remarquer que les gentilshommes d'aujourd'hui (qui dédaignent les titres et les priviléges) n'ont plus cette aménité familière. Comme tout dégénère ici bas; siècle maudit! A la vérité, c'est grand dommage; mais le bon temps reviendra, je l'espère, et, aux petits écus près, nous n'aurons rien perdu. Le nom de *Châtres* ne doit pas tomber en oubli. Je vous ferai connaître un jour ses autres droits à quelque célébrité.

J'ai l'honneur, etc. *Un de vos Abonnés.*

—Un journal contenait hier un article nécrologique sur un *chef d'escadron* qui, pendant une durée de soixante ans de services, n'a tiré qu'un seul coup de fusil, et trouvé qu'une occasion de se signaler; encore était-ce contre la *bête du Gévaudan.*

Après la lecture de son réquisitoire, dans lequel M. de Ferrière a conclu en un mois d'emprisonnement et deux cent francs d'amende contre chacun des éditeurs, Me Dupin a pris la parole et s'est exprimé à-peu-près en ces termes :

Messieurs,

« Le réquisitoire du ministère public vient de nous révéler l'intention et le but de l'accusation : la censure veut étendre son domaine; non satisfaite de la domination que les lois d'exception lui ont accordée sur tous les journaux consacrés à la politique, elle voit, avec un œil d'envie, la liberté laissée aux journaux plus spécialement réservés à la littérature et aux arts.

Si les rédacteurs du *Miroir des Spectacles* avaient voulu se soumettre humblement et sans combat au visa censorial, ils eussent aisément échappé aux poursuites dont ils sont devenus l'objet : mais ils s'y sont hautement refusés; ils ont le noble orgueil de croire encore à la *république des lettres;* et ils préféreraient, sans balancer, la mort..... de leur journal, au despotisme d'un censeur.

(La suspension de sens, comprise dans cette phrase, provoque dans l'assemblée un rire général. Me Dupin fait remarquer que l'accusation est tellement ridicule, qu'il n'est pas surpris de voir qu'elle excite le rire. M. le président observe que cette conduite des auditeurs n'en est pas moins inconvenante. «Aussi, dit Me Dupin, je proteste hautement contre toute marque d'approbation qui serait donnée à mes discours; et je crois d'autant plus nécessaire de m'en expliquer, que la malveillance de certains journaux ne manque jamais d'imputer les accidens d'audience à une prétendue conformité d'opinion entre le public et les prévenus.) »

L'orateur reprend :

Avant tout, Messieurs, il faut se bien fixer sur le caractère de l'accusation. Les articles, qui vous sont dénoncés, n'ont rien de coupable en soi : sans cela, et si, par exemple, ils renfermaient une provocation à la révolte, une attaque contre l'autorité constitutionnelle du Roi et des Chambres, ou enfin quelque chose de tant soit peu séditieux, ils seraient l'objet d'un autre genre de procès. Pourquoi ces articles, bien que reconnus *innocens*, sont-ils donc attaqués? C'est, dit-on, parce qu'ils ont *trait à la politique*; or, il n'est pas permis de parler de politique sans la permission de la censure. . . . Nous voyons donc ici,

Ce qui fut blanc au fond, rendu noir par les formes.

Il ne s'agit ni d'un crime, ni d'un délit; mais simplement d'une contravention aux lois de la censure.

Ces lois, en effet, soumettent à la censure tout journal *consacré en tout ou en partie aux nouvelles et matières politiques*.

Ces expressions, sans doute, ont besoin d'explication. Car le ministère public vous a dit que votre jugement était nécessaire pour *apprendre aux auteurs* quels sont les sujets sur lesquels il leur serait permis ou défendu d'écrire en liberté.

Ainsi l'explication n'aura pas précédé la contravention; l'avertissement ne sera donné que sous forme de peine; ce qui, assurément, est bien opposé au caractère de toute loi pénale, qui, suivant l'expression de Bâcon, doit clairement définir le crime, et avertir avant que de frapper, *moneat priusquàm feriat*.

La loi dit, tout journal *consacré*; c'est-à-dire, tout journal *habituellement employé* à traiter de matières politiques.

Le *Miroir* est-il un journal de ce genre?

Tout résiste à cette supposition; le titre du journal; le genre de talens de ses rédacteurs; et le fond même des articles.

Il a pour titre : *le Miroir des Spectacles, des Lettres, des Mœurs et des Arts*; ce qui, assurément, ne promet guère de politique.

Parmi ses rédacteurs, nous voyons un poëte dramatique qui a enrichi la scène française de plusieurs pièces qu'on a cessé de voir, quoiqu'on n'eût pas cessé de les applaudir; l'auteur d'ingénieux apologues, et de plusieurs bonnes comédies; un écrivain qui a peint les mœurs françaises avec autant de finesse et de vérité qu'Addisson en a mis à décrire celles de sa nation; enfin un poëte qui n'a fait de politique qu'à la manière de Juvénal, en frappant les délateurs modernes du fouet sanglant de l'ancienne satire.

Au fond, la première page du journal ne renferme que l'annonce des spectacles; les seconde et troisième contiennent l'analyse des pièces, et rendent compte des représentations. Dans la dernière, sous le titre de *Variétés*, se trouvent des bons mots, des saillies, des anecdotes : nulle place n'est réservée à la politique.

Comment peut-on donc prétendre que le *Miroir* est un journal consacré en partie aux nouvelles et matières *politiques?* — C'est ici qu'il est bien important de s'entendre sur le sens des mots.

Le ministère public fait deux parts, de ce qu'on peut dire sans le soumettre à la censure, et de ce qu'il n'est pas permis de publier sans son aveu.

Ainsi, dit-il, vous pouvez parler spectacles, lettres, mœurs... mais.... mais.... mais.... Ici vient la série des exceptions, qui, à vrai dire, absorbent la règle.

Je me rappelle une définition de ce genre, assez bizarre, à la vérité, où l'un des interlocuteurs dit à l'autre : Pourvu que vous ne parliez ni de religion, ni de politique, ni de gouvernement, ni des gens en place, etc. etc. etc., oh! mon dieu, vous pouvez écrire sur tout ce que vous voudrez.

Il est fâcheux, sans doute, que le législateur n'ait pas lui-même tracé plus clairement les limites dans lesquelles il voulait enchaîner la liberté d'écrire; le plus grand vice d'une loi pénale est le vague et l'indécision. De là, à l'arbitraire, il n'y a qu'un pas.

Mais enfin essayons de définir les termes de la loi; car, après tout, la langue appartient à tout le monde.

Je me demande donc ce que l'on doit entendre dans le sens légal, par ces mots *nouvelles et matières politiques?*

Si je consulte l'étymologie du mot *politique,* je vois qu'il vient du grec *polis,* ville, et qu'il signifie l'art de gouverner les cités.

Si j'ouvre le dictionnaire de l'Académie (c'est le code de mes cliens), j'y vois « POLITIQUE, *adjectif de tout genre* (et, en » effet, on l'emploie à tout) *qui concerne le gouvernement d'un* » *Etat, d'une république.* »

Cela posé, il devient, ce semble, facile, de comprendre ce qu'on doit entendre par *nouvelles et matières politiques.*

On appellera *nouvelles politiques* les faits vrais ou présentés comme tels, relatifs aux changemens survenus dans le gouvernement des villes et des Etats. Par exemple, qu'un journal ait annoncé les révolutions d'Espagne, du Portugal, du Brésil, de Saint-Domingue, de Naples, du Piémont, de Moldavie, et de Valachie, de Fernambouc et de Bahia, voilà, certes, *des nouvelles politiques.*

Ce même journal aura traité de *matières politiques,* s'il renferme, soit des utopies ou dissertations abstraites sur tel ou tel système de gouvernement; soit des réflexions particulières sur les institutions d'un peuple; ou si l'on y discute des projets de loi, des actes ou des mesures de gouvernement.

Mais, de bonne foi, rien de pareil se rencontre-t-il dans le *Miroir des Spectacles, des Lettres et des Arts?*

Que, sur près de cent numéros, il y en ait neuf où l'on ait

trouvé quelques anecdotes ou allusions (souvent en trois lignes), que l'on s'efforce par interprétation de rattacher à la politique; cela ne fait pas perdre au *Miroir* son caractère essentiel de *Journal des Spectacles, des Lettres, des Mœurs et des Arts.*

Sans doute, tous les sujets se tiennent; et les matières, sur lesquelles peut s'exercer la pensée, ne sont pas tellement définies et limitées, qu'elles ne rentrent quelquefois les unes dans les autres. Ainsi, il n'est pas impossible, qu'à l'occasion de politique, on parle de spectacles, de mœurs et d'arts. Les spectacles intéressent l'ordre public; les mœurs sont étroitement liées avec les lois; les arts se trouvent partout; nous vivons avec eux et par eux. En discutant les lois, il arrivera donc souvent qu'on parle des mœurs, des spectacles et de l'industrie. Il n'est guère de séance de la chambre des Députés, où l'on ne parle de l'instruction publique, et de l'enseignement mutuel, de l'industrie, de ses progrès ou de sa décadence, de la nécessité alléguée par les uns, combattue par les autres, d'embrigader les arts, et d'enlacer l'industrie dans les liens des corporations. En discutant dernièrement la loi sur les grains, chacun, comme à l'envi, s'efforçait de parler *agriculture.* Tout cela cessait-il d'être de la législation?

Je puis alléguer d'autres exemples. Je les prends dans cette enceinte même.

On occupe quelquefois, trop souvent peut-être, les tribunaux d'affaires politiques; leurs jugemens, pour cela, sont-ils autre chose que des jugemens? N'apportez-vous pas à la décision de ces sortes d'affaires, la même attention, le même scrupule, la même conscience, *la même indépendance surtout,* que dans les affaires ordinaires? En prononçant, pensez-vous *faire de la politique?* croyez-vous faire autre chose que *rendre la justice?*

Moi-même, en plaidant devant vous, quoique je parle de politique, parceque l'accusation m'y oblige, fais-je autre chose qu'accomplir mon ministère d'avocat?

Et si quelqu'arrêtiste est dans cette enceinte; qu'il inscrive les noms des prévenus, de leur accusateur et de leurs juges; qu'il prenne note des débats, qu'il recueille et publie le réquisitoire du ministère public et la défense que j'improvise; dira-t-on qu'il fait de la politique? son recueil cessera-t-il d'être un *recueil judiciaire?* son journal cessera-t-il d'être tout uniment *le journal du Palais?*

De même, le *Miroir* peut renfermer occasionnellement quelques articles qui paraissent tenir à la politique, sans qu'il cesse pour cela de conserver son caractère propre.

Il a pu, par exemple, rendre compte des pièces de théâtre composées à l'occasion du baptême du duc de Bordeaux, sans cesser d'être le *journal des Spectacles?* Ces pièces cependant se rattachaient à un événement politique.

Le même journal a pu décrire les préparatifs des fêtes, sans cesser d'être le *journal des arts,* puisque tous les arts étaient appelés à y concourir.

Tant il est vrai que rien n'est plus fréquent que de voir un sujet rentrer dans un autre, sans que pour cela il cesse de conserver son caractere dominant et distinctif.

Autrement j'ose le dire, il n'est pas d'ouvrage dont on ne pût dire qu'il est en partie consacré à la politique. L'almanach de Liége lui-même n'échapperait pas à la censure; car il renferme des *prédictions politiques.* Un grand roi mourra; il naîtra un grand prince; le nord dévorera le midi, etc. etc. etc. Et que dirons-nous de la partie anecdotique, des contes qui se trouvent à la fin?.... Toutefois, ce n'est toujours qu'un *almanach.*

Quant aux allusions, allégories, bons mots, anecdotes, qui se trouvent dans le *Miroir,* leur enlèvera-t-on le cachet de légèreté qui les distingue, pour leur imprimer le sombre et pesant caractère de *nouvelles et matières politiques?*

S'il en était ainsi, il faudrait se récrier, et dire avec Boileau :

> Bientôt ils défendront de peindre la prudence,
> De donner à Thémis ni bandeau, ni balance;
> De figurer aux yeux la guerre au front d'airain,
> Et le temps qui s'enfuit une horloge à la main.

Les allusions sont à l'infini. On en faisait, sous Louis XIV, dans *Britannicus.* Louis XIV ne s'en offensa point; il en profita, et sut se corriger.

Sous Napoléon, dans des pièces faites cent ans auparavant, on découvrait fréquemment des allusions; aujourd'hui, de même; et toute la littérature des gentilshommes de la chambre ne saurait les prévenir : car ces allusions ne sont pas l'ouvrage du poëte; elles sont l'ouvrage du public qui les crée inopinément, à la manière des accusations, par l'interprétation subite, et souvent peu réfléchie, qu'il leur donne.

Si les allusions pouvaient motiver des accusations, je plaindrais les fabulistes. Toutes les fois qu'ils mettraient un lion en scène, on dirait qu'ils ont voulu représenter un roi. Ils ne pourraient pas parler d'un renard sans offenser un courtisan; et, comme il n'est pas d'animal dont le naturel n'ait son correspondant dans le moral de l'espèce humaine, il n'est pas une fable qui ne pût donner matière à accusation.

Cependant, sous Louis XIV, aux plus beaux jours du pouvoir absolu, Lafontaine a pu dire :

> Notre ennemi, c'est notre maître.

Et, comme si cette phrase n'était pas assez claire, il ajoutait :

Je vous le dis en bon français.

Quel champ pour l'accusation !

Et ces autres vers :

Selon que vous serez puissant ou misérable,
Les jugemens de cour vous rendront blanc ou noir.

Quelle satire de la justice du temps !

Eh ! pourtant Lafontaine ne fut pas poursuivi ; il n'en fut pas moins appelé *le bon Lafontaine*. Tant il est vrai que le despotisme même, quand il est uni à quelque grandeur, et qu'il entend ses véritables intérêts, évite de s'offenser des bagatelles, de peur de leur donner de l'importance !

N'est-ce pas d'ailleurs une grande erreur, de penser que la littérature ne puisse admettre d'allusions politiques ? On nous a cité les *lois de la presse* dans une cause qu'on s'éfforce de rendre politique ; mais, comme il m'importe de lui conserver son caractère purement littéraire, qu'il me soit permis de faire intervenir ici le *législateur du Parnasse*.

Lisez Homère, nous dit Horace, vous y trouverez plus de politique et de philosophie que dans les ouvrages de Chrysippe et de Crantor.

Le poëme où il raconte cette guerre si longue que l'amour de Pâris alluma entre la Grèce et Troye, contient les agitations insensées des peuples et des rois :

*Stultorum regum, et populorum continet æstus.*

Anténor veut qu'on coupe le mal dans sa racine, et que l'on rende Hélène ; mais Pâris qui ne songe qu'à ses plaisirs personnels, et au bonheur dont il jouit sous son règne, n'y veut point consentir :

*Quod Paris, ut salvus regnet, vivatque beatus*
*Cogi posse negat.*

Du côté des Grecs, Nestor tâche de terminer les querelles d'Agamemnon avec le fils de Pélée. Tous deux sont enflammés de colère..... Les résolutions des rois en délire, retombent sur leurs peuples......

*Quidquid delirant reges, plectuntur achivi.*

Enfin, qu'on parcoure ce poëme, on y voit partout la sédition, la duplicité, le crime, la licence, l'emportement, les fautes et la fureur des deux partis.

*Seditione, dolis, scelere, atque libidine, et irâ,*
*Iliacos intrà muros peccatur et ultrà.*

Dira-t-on qu'alors l'Iliade n'est plus un poëme ? que c'est un ouvrage consacré en partie aux *nouvelles et matières politiques ?* faudra-t-il traduire Homère à la police correctionnelle ?....

Admettre ces interprétations, ces traductions de la pensée, ce serait ressusciter *la doctrine de l'indirect*. Je sais bien que le ministère public n'a pas cessé d'y tenir. Mais il est certain que la législation actuelle a voulu l'interdire. Elle l'a rejetée pour des délits plus graves; par exemple, celui d'attaque *contre l'autorité du Roi et des chambres ;* elle a voulu que l'attaque fût *formelle*, afin d'exclure par là toute interprétation. A plus forte raison donc, cette méthode d'interpréter les mots pour en extraire un sens que les auteurs désavouent, ne peut être admise lorsqu'il s'agit d'une simple *contravention*, surtout d'une contravention à une loi d'exception qui, comme toutes les mesures odieuses, doit être restreinte, bien loin d'être étendue : *Odia restringenda*.

Voyons, au surplus, quelles sont ces interprétations.

(Ici M. Dupin reprend successivement tous les articles du *Miroir* signalés par le ministère public; et donne, sur chacun d'eux, des explications dont nous avons saisi les principaux traits.)

Le premier article qui a excité le courroux du ministère public, est une *romance piémontaise*. Mais, Messieurs, cette pièce n'appartient-elle pas évidemment à la littérature ? Lors même qu'elle exprimerait des idées patriotiques, ne serait-ce pas toujours de la poësie ? Le *cùm recordaremur Sion* des Juifs, les Messéniennes, les Odes de Pindare, les vers sur Parga, ne renferment-ils pas des sentimens patriotiques ? et, dans tous les temps, le plus noble emploi de la poésie ne fut-il pas d'enflammer les cœurs du saint amour de la patrie ?

Ici, Messieurs, si nous examinons la romance qu'on accuse de politique, nous verrons que tout le mal qu'on prétend y trouver, est l'œuvre de l'interprétation. Cette romance était écrite en langue piémontaise, on l'a traduite dans la langue de l'accusation. Là,

Tout prend un corps, une âme, un esprit, un visage.

*Térésina* ne signifie plus une jeune fille, ce sera le Piémont; *l'odieux Tédesco*, désignera l'ancien gouvernement; *son jeune rival*, ce sera la constitution des Cortès : et c'est ainsi qu'on travestit en poëme séditieux, un chant plein de douceur et de délicatesse; qui n'exprime que les sentimens d'un jeune amant qui réclame la préférence sur un insupportable Géronte.

Le deuxième article est relatif aux arts. On s'y plaint de la *baraque* qui, réunie aux fiacres et aux cabriolets, obstrue tellement la place des Victoires, *qu'à vrai dire, nous n'avons plus de place des Victoires*. Eh bien ! l'existence de cette baraque est un fait public; l'encombrement de la place est de notoriété. C'est dit-on un *sarcasme politique!* Mais le mot est créé pour l'accusation; ce n'est pas là l'expression légale. La loi n'a pas mis les *sarcasmes* au rang des délits, elle ne parle que des *nouvelles* et *matières politiques*. A cette occasion, on impute aux prévenus de regretter la guerre, et de ne pas se montrer assez sensibles aux douceurs de la profonde paix dont nous jouissons. Oublie-t-on donc que ce titre de *place des Victoires* date du siècle de Louis XIV, qui y avait fait représenter les *nations enchaînées?* Peut-être est-ce ce monument qu'on reconstruit....

*Parapluie militaire*. Tel est le titre du troisième article. Les auteurs du *Miroir* supposent que l'on a mis à *l'ordre du jour* d'un régiment, que chaque officier eût à se munir d'un *parapluie uniforme*. Si ce fait était vrai, ce serait un *article de mœurs* qui servirait à caractériser les habitudes militaires de cette époque. Mais si ce n'est qu'une plaisanterie, ce n'est pas une nouvelle politique. Il en sera de ce conte, comme de l'assertion que les soldats du pape montent la garde avec un parasol. C'est un conte pour rire, dont il faut se contenter de rire en effet.

Mais voici un article plus sérieux; c'est l'article *Brioche*. En soi, ce n'est qu'un article de pâtisserie. Dans le sens de l'article, c'est l'explication d'une façon de parler : cela rentre ainsi dans l'objet du journal. Qu'est-ce que *faire une brioche?* Telle est la question que se fait le rédacteur de l'article, et qu'il faut résoudre pour savoir si l'accusation est fondée. On en donne plusieurs exemples. « L'improvisation, dans une mauvaise cause, est fer- » tile en brioches. » Rien de plus vrai; et si ma cause était moins bonne, j'en pourrais faire tout comme un autre. Mais, dans tout cela, qu'y a-t-il de relatif à la politique? — Oh! l'on termine par rappeler que : « lorsque, il y a quelques années, à propos du » pain béni, un ancien seigneur s'écria au milieu de l'église, » *sacristain, apporte*; c'était une vrai brioche. » Ce n'est pas là une *nouvelle*; car il y a long-temps qu'on a raconté cette anecdote, et que la caricature même s'en est emparée. Ce n'est pas non plus une *matière politique*; c'est un ridicule dont on se moque à propos du mot *brioche*, comme rentrant un peu dans ce sujet.

On prétend que cet article est une attaque *contre les anciens seigneurs*; comme si la vraie noblesse, aujourd'hui réduite à ses titres, pouvait se croire solidaire avec l'impertinence féodale dont l'un de ses membres aurait donné l'exemple, et le ridicule dont il aurait fourni le modèle!

Que ne dit-on pas des marquis au théâtre, dans des pièces faites pourtant sous l'ancien régime! Tout cela rentre dans la partie du journal qui traite des *Mœurs*.

*La Quotidienne !* On répond à un article de la Quotidienne relatif au joujou appelé *Emigrant* : et l'on prétend que la réponse du *Miroir* est une réponse politique, parce que, dit-on, l'article de la Quotidienne était un article politique. Mal raisonné. Car c'est supposer qu'on répond toujours à la question, ce qui n'est pas vrai ; ou qu'on ne peut pas être dans la question en ne répondant pas à la Quotidienne, ce qui n'est pas plus exact. Le fait est que le *Miroir* ne parle que d'un *joujou.*

*Petites-Maisons. Peuples pendus.* Pures plaisanteries, sur lesquelles tout commentaire serait superflu. Il suffit de les lire, et d'en rire. ( L'avocat les lit, et l'on rit en effet. )

*Madame Catalini.* Cet article est important. Il faut le citer en entier. « On assure que Mme Catalani est attendue ces jours-ci à » Paris. On sait qu'elle chante partout au profit des pauvres. Si » elle veut chanter au profit d'une pauvre administration, nous » nous chargeons de lui en indiquer une. » Et ! c'est là de la politique ? Quoi ! Mme Catalani, et ses concerts, voilà de la politique ! Mais n'est-il pas évident que, dans cet article, il n'y a pas un mot qui ne se rapporte aux arts et aux représentations théâtrales ? Les mots *pauvre administration* désignent évidemment l'opéra ; l'opéra mis instentanément sur le pavé, resserré ensuite dans un local trop étroit, où les recettes étaient loin d'égaler les dépenses, ce qui constitue éminemment la pauvreté des comédiens. Au lieu de ce sens si naturel, le ministère public veut absolument que, par ces mots *pauvre administration*, on entende l'administration des affaires publiques ? C'est une injure grave que mes cliens ne se sont point permise, une intention qu'on leur prête, et qu'ils n'ont pas eue ; le ministère public seul fait ici au gouvernement, qu'il croit défendre, un application injurieuse d'une épigramme que l'interprétation a trouvée dans une phrase toute innocente. Quant à moi, si l'on faisait mon portrait en l'accompagnant de signes qui ne m'appartinssent pas, je n'aurais garde de m'y reconnaître, et je romprais avec l'imprudent ami qui se serait permis de voir mes traits dans une ignoble caricature. (Vive sensation dans l'audience.)

Il n'y a pas de politique dans l'article ; mais il y a de l'impolitique dans l'accusation.

*Théâtres de l'autre monde.* Les rédacteurs du *Miroir* supposent que l'on donne des représentations théâtrales dans l'empire des morts. Ils ont le droit de parler des spectacles qu'offre ce monde-ci. Pourquoi leur serait-il défendu de parler de l'autre Le Dante a mis ce qu'il a voulu dans son enfer, il n'en a exclu que l'espérance. Lucien établit des dialogues entre les morts ; Fontenelle et Fénélon ont aussi employé ce genre de fiction. Le 6e livre de l'Enéïde nous transporte dans le royaume de Pluton.

Croyez-moi, Messieurs, votre juridiction n'est pas de l'autre monde. Vous avez assez à faire dans celui-ci.

Le n° 65 du *Miroir* renferme plusieurs définitions de mots, sous le titre d'*Extrait d'un vocabulaire inédit des gens du monde*. N'est-il pas dans les *mœurs* de coter les abus qu'on fait de la signification des mots? N'est-ce pas un sujet d'ailleurs éminemment *littéraire?* Pour vous en convaincre, je me contenterai de vous lire l'explication donnée sur le mot *politique*. « POLITIQUE. » *Parler politique*. Cette locution n'eût pas été comprise à » Athènes; car, au lycée, on parlait *sur la politique*, et non » pas *politique*. Nous serions trop heureux si nos maîtres en fait » *de politique*, ne faisaient que des fautes de langue.» Pour justifier cet article, il suffit de lire le titre du journal : *Miroir des spectacles, des lettres, des mœurs et des arts*.

Le ministère public a déclaré qu'il abandonnait l'article où il est question d'un Monsieur dont le nom finit en *us*. Il a bien fait, sans doute; car il n'y a rien là qui appartienne *aux nouvelles et matières politiques*. Mais cet abandon, avant même qu'aucune contradiction se soit élevée, prouve avec quelle légèreté l'accusation a été conçue. Il n'y avait qu'un moyen d'en sortir, c'était d'abandonner le tout.

*Pavillons étrangers*. On n'a relevé que cette expression; mais on ne vous a pas lu l'article. C'était par prudence; car, vous allez voir que cet article est uniquement relatif aux arts. On rend compte des divers tableaux dont se compose le *théâtre de la galerie du Panorama cosmo-mécanicos*, et l'on dit : « Le second » tableau représentant le port de *Cette*, d'après Vernet, laisse » beaucoup à désirer pour l'exécution des effets de marine: les » vaisseaux sont trop près du spectateur; les saluts de trois » coups de canon ne retentissent pas assez long-temps : M. Henri » aurait dû nous montrer un vaisseau *pavoisé*; il y a beaucoup » de gens à Paris qui aimeraient à voir des pavillons étrangers.»

Je ne vois là, Messieurs, que des réflexions naturelles, et que le journal des arts ne pouvait pas s'empêcher de faire. Ici, ce sont des conseils sur la mécanique; là, des avis sur la perspective; et, dans la partie incriminée, des réflexions sur un agrément à ajouter au spectacle que M. Henri offre au public. On l'engage à représenter un bâtiment pavoisé, cette espèce de décoration de fête étant presque inconnue aux Parisiens; mais les bâtimens se pavoisent avec des pavillons de toute espèce; les *pavillons étrangers* y figurent aussi, et fixent bien plus les regards que les pavillons de signaux; car ils sont d'une dimension au moins quadruple; ils sont placés dans les endroits les plus apparens; et sont le principal ornement de la décoration du pavois. Les Parisiens ne connaissent guère ces pavillons; ils peuvent vouloir les connaître ; on engage le mécanicien à les leur montrer, et voilà le fait simple sur lequel repose tout l'échafaudage de l'accusation ! Une discussion plus longue sur cette matière serait superflue.

Dans le n° 68, on lit : « *l'Echo du Nord*, du 20 de ce mois, » contient un article de 21 lignes de points : ce n'est pas le moins » piquant de cette feuille. » Comment a-t-on pu voir là de la politique ? N'est-ce pas évidemment un trait ironique lancé contre *l'Echo du Nord*.

Le n° 70 renferme une lettre prétendue écrite par un abonné qui, après avoir cité la chanson si connue :

> Tous les bourgeois de Châtres
> Et ceux de Monthléry,

raconte une anecdote un peu moins répandue. Il explique comment le pays, autrefois appelé *Châtres*, a fini par s'appeler *Arpajon*. Le nom de *Châtres* déplaisait à la femme du seigneur, et elle désirait y substituer celui d'*Arpajon*. « Le duc, son mari, » avait imaginé, pour y parvenir, un moyen assez plaisant. Il » demandait à chaque vilain qu'il rencontrait, où vas-tu ? et » donnait un écu à ceux qui répondaient, à *Arpajon*, et un coup » de pied dans le derrière à ceux qui disaient *Châtres*. Je ne » cite, au surplus, cette anecdote, etc. etc. »

Ainsi, vous le voyez, le moyen était en effet *assez plaisant*. Mais il est évident que l'anecdote n'a *rien de politique*. On veut voir là une attaque contre la noblesse ; j'ai déjà répondu à une accusation du même genre à l'occasion du mot *brioche*. Il est inutile d'y revenir.

Autre grief.

« Un journal contenait hier un *article nécrologique* sur un » chef d'escadron qui, pendant une durée de 60 ans de service, » n'a tiré qu'un seul coup de fusil, et trouvé qu'une occasion » de se signaler ; encore était-ce contre la bête du Gévaudan. »

Pour le coup, c'est là de la politique ; on se moque de l'armée, ou tout du moins des officiers. — Non, Messieurs, c'est tout uniment une satire de mœurs. On critique ces *articles nécrologiques* dont certains journaux abondent depuis quelque temps ; ces articles, où les sujets les plus obscurs sont transformés en personnages historiques ; où l'on remarque comme une chose surprenante, qu'avant la révolution, le défunt a servi dans tel régiment, qu'il a passé six mois dans telle garnison ; où l'on s'efforce, en un mot, de donner de l'importance aux plus minces détails, et où l'on entreprend de faire une vie avec ce qui n'est réellement qu'une mort. Sous un autre point de vue, cette critique est encore littéraire. Boileau lui-même a dit :

> Faites choix d'un héros propre à m'intéresser.
> On s'ennuie aux exploits d'un conquérant vulgaire.

Enfin, Messieurs, reste un dernier article que le ministère public a gardé pour la fin, comme étant le plus important de tous; c'est l'article des *petits pâtés*. (Rire général.) Voici le texte du journal : « Vingt-cinq mille petits pâtés viennent d'être confectionnés à Saint-Lazare; ils sont destinés aux indigens qui manquent de pain. »

A ce sujet, vous vous rappelez avec quelle chaleur M. l'avocat du Roi s'est élevé contre les prévenus, auxquels il a reproché de voir avec un œil d'envie *les malheureux se nourrir d'un mets plus succulent; la joie momentanée de l'indigent ulcère leur cœur*, etc., etc.

Messieurs, cette attaque contre les intentions supposées de mes cliens a dû m'étonner. Le ministère public a totalement oublié que son action n'est pas dirigée contre le fond des articles. Il faut bien qu'ils aient paru irréprochables, puisqu'on n'a pas cru devoir les attaquer. Il s'agit uniquement de savoir si cet article est un article de politique.

Or, il est évident, Messieurs, que ce n'est qu'une pure plaisanterie. Je ne prétends pas qu'elle soit bonne; j'affirme même qu'elle n'est pas neuve; car personne n'ignore ce mot de Louis XV enfant. En se promenant avec son précepteur, il rencontre un pauvre qui demande l'aumône, disant : *Je n'ai pas de pain.* « Comment, dit le jeune prince, ce pauvre homme n'a pas de pain ! eh ! que ne lui donne-t-on de la croûte de pâté? »

Quant à l'intention coupable qu'on suppose aux prévenus, elle est hautement démentie par cet autre article de leur journal qui se trouve dans le numéro qui suit immédiatement : « Tous les théâtres de Paris, disent-ils, donneront des pièces de circonstance, à l'occasion du baptême du duc de Bordeaux. De leur côté, les douze arrondissemens doivent distribuer, en secours extraordinaires, une somme considérable *aux indigens*. Quelque soit l'éclat des autres divertissemens, *la bienfaisance est le plus bel ornement des fêtes publiques*. »

Telle est le langage de ces hommes dont le cœur s'irrite en voyant la joie momentanée du pauvre!

Et, du reste, qu'on ne dise pas qu'ils sont sortis des bornes de leur journal, en parlant des *fêtes publiques*; elles constituent éminemment ce qu'on entend par *spectacles* : c'est le plus magnifique de tous, quand la joie qui brille sur tous les visages est unanime. Les *moralistes* y trouvent le sujet de sérieuses observations, et les poëtes eux-mêmes ont le droit d'en dire leur sentiment. Juvénal nous peint ces Romains qui autrefois distribuaient les couronnes et les empires, les honneurs des faisceaux et le commandement des légions; renfermés ensuite en eux-mêmes, et n'ambitionnant plus que deux choses, du pain et les jeux du cirque, *panem et circenses*. Il ne fut pas poursuivi pour ces vers; et il n'eût probablement jamais été exilé, s'il n'eût médit que des Romains, et qu'il n'eût pas irrité l'un des musiciens de Néron.

Le commentaire de cette éloquente critique a été fait sous Napoléon, à une époque où l'on venait de voir les fêtes du mariage, et où les soldats, au nombre de plusieurs milliers, avaient été fêtés aux Champs-Elysées. L'auteur n'a pas été traduit en police correctionnelle.

On devait bien moins encore faire un procès de ce genre aux auteurs du Miroir, puisqu'à l'exception de la plaisanterie qu'ils se sont permise sur les *petits pâtés*, plaisanterie qui, en soi, n'avait rien d'offensif, leur journal entier a été consacré pendant plusieurs jours à faire valoir, ainsi qu'ils le devaient, les vers et les couplets de circonstance chantés sur les théâtres de la capitale.

(Après avoir ainsi répondu à tous les articles du réquisitoire, dans une plaidoirie qui a duré près de deux heures, Me Dupin termine par les réflexions suivantes :)

Si la loi actuelle n'est pas assez générale, dit-il, que le ministère en propose une dont les dispositions soient plus étendues. Qu'on y comprenne ce qu'on a appelé le *sarcasme politique*, les contes, les anecdotes; que les bons mots eux-mêmes soient soumis à la censure. Mais, jusque-là, repoussons la funeste doctrine des extensions et des interprétations. Continuons de penser que la plaisanterie est restée dans le domaine des Français, et qu'il leur est encore permis de rire.

Il est évident sans doute que le Miroir n'est point un journal consacré, en tout ni en partie, *aux nouvelles et matières politiques*. Pourquoi donc ce procès? C'est la guerre déclarée aux lettres et à ceux qui les cultivent : on ne veut laisser aucune issue à la pensée. Chez les Grecs et les Romains, les esclaves même et les affranchis pouvaient s'envelopper du voile de l'apologue; Esope et Phèdre n'ont point été mis en jugement! Et, de nos jours, sous le Roi le plus lettré qui jamais ait régné sur la France, voilà, en moins d'un an, cinq académiciens traduits, soit à la cour d'assises, soit à la police correctionnelle!

Cependant, dans le dessein même qu'on a de détacher les Français des matières politiques, on devrait encourager un journal entièrement voué à la littérature et aux arts. On devrait affecter plus de confiance en soi-même, et ne pas se montrer timide, au point de redouter l'effet de quelques plaisanteries qui, comme les épigrammes de Martial, ne sont ni toutes bonnes, ni toutes mauvaises; mais qui toutes certainement sont étrangères à ce qu'on peut raisonnablement appeler *politique*, et indifférentes à la sûreté de l'état, autant qu'à la gloire du prince, et même au repos de ses ministres. »

Tels sont en abrégé les moyens de défense présentés par Me Dupin, aux juges de MM. Jouy, Arnault, Dupaty, Gosse et Cauchois-Lemaire; nous aurions voulu rapporter à nos lecteurs dans son entier, cette improvisation que la rapidité du débit de l'orateur nous a empêché d'écrire littéralement sous sa dictée; nous n'avons pu en saisir que la phisionomie, encore en avons-nous involontairement altéré quelques-uns des traits principaux, en leur otant le caractère original qu'ils empruntaient de l'expression piquante que leur prêtait le célèbre avocat. Notre analyse donnera cependant une idée de cette plaidoirie remarquable, ou Me Dupin s'est montré tour-à-tour argumentateur habile, dissertateur profond, orateur éloquent, et Français dans toutes les acceptions de ce mot, c'est-à-dire généreux envers sa partie adverse, grave et spirituel à la fois, et toujours animé des plus nobles sentimens.

M. Jouy a pris la parole après son défenseur, et s'est exprimé en ces termes :

Messieurs,

Dans l'état actuel de la société, une cause où ne se trouvent compromis que les intérêts de quelques hommes de lettres, est sans doute d'une importance très-secondaire; mais peut-être la question en elle-même où il s'agit, non d'appliquer, mais d'expliquer une loi, paraîtra-t-elle au tribunal digne de fixer son attention.

Pour notre justification personnelle, je n'ai rien à ajouter, et je me borne à l'énonciation du fait.

La loi du 31 mars 1820, ne soumet à la censure que les *journaux et écrits périodiques consacrés en tout ou en partie aux nouvelles et matières politiques*.

Nous faisons un journal qui n'est *consacré* aux nouvelles et matières politiques *ni en tout ni en partie :* nous n'avons donc pu contrevenir à une loi de censure, à laquelle nous avons dû croire que nous n'étions pas soumis.

M. le Procureur du Roi a pensé différemment; et plusieurs paragraphes du journal le *Miroir*, spécialement *consacré* aux théâtres, aux mœurs, aux arts et à la littérature, sont incriminés par lui comme *nouvelles et matières politiques ;* d'où il suit que nous avons fait de la politique sans le savoir, comme M. Jourdain faisait de la prose; et que, faute de connaître toute la valeur de ce mot, nous courrons risque de retomber involontairement dans la même faute.

Telle est, à cet égard, mon anxiété particulière, que j'ai cru devoir attendre la décision du tribunal pour faire imprimer deux articles littéraires, l'un sur une nouvelle édition des œuvres de

Bossuet, l'autre sur la traduction anglaise des caractères de La Bruyère.

En cherchant à apprécier dans le premier de ces articles la hauteur de style et d'éloquence où s'est élevé l'aigle de Meaux, je citais le passage suivant.

« Il ne faut pas se flatter : les plus expérimentés dans les af- » faires font des fautes capitales; mais que nous nous pardonnons » aisément ces fautes, quand la fortune nous les pardonne ! Et » que nous nous croyons bientôt les plus habiles, quand nous » sommes les plus heureux ! Les mauvais succès sont les seuls » maîtres qui nous peuvent reprendre utilement, et nous arra- » cher ces aveux qui coûtent tant à notre orgueil. Alors quand » le malheur nous ouvre les yeux, nous repassons avec amertume » sur tous nos faux pas : nous nous trouvons également accablés » de ce que nous avons fait et de ce que nous avons manqué de » faire, et nous ne savons plus comment excuser cette prudence » présomptueuse qui se croyait infaillible. . . . . . Quand les » princes négligent de connaître leurs affaires et leurs armées; » quand ils ne travaillent qu'à la chasse, qu'ils n'ont de gloire » que pour le luxe, d'esprit que pour inventer des plaisirs; ou » quand, emportés par leur humeur violente, ils ne gardent plus » ni lois ni mesures, et qu'ils ôtent les égards et la crainte aux » hommes, en faisant que les maux qu'ils souffrent leur paraissent » plus insupportables que ceux qu'ils prévoient, alors ou la li- » cence excessive, ou la patience poussée à l'extrémité, menacent » terriblement les maisons régnantes. »

Dans toute autre circonstance aurais-je pu craindre, Messieurs, de mettre, en 1821, sous les yeux du lecteur français, les paroles du premier des orateurs chrétiens, prononcées il y a 150 ans, en présence de Louis XIV? Aurais-je pu soupçonner qu'on qualifiât de *matières politiques* la sublime oraison funèbre de la reine d'Angleterre, d'où ce passage est extrait, et les réflexions qu'elle pouvait me suggérer?

J'examinais dans un second article à quelle distance le traducteur anglais de l'ingénieux La Bruyère est resté de son brillant modèle, et pour relever les fautes de la traduction, je la comparais au [illegible] dans ce morceau, où la version ne donne qu'une bien faib[illegible] l'original.

« Se faire valoir (dit La Bruyère dans son chapitre des grands) » par des choses qui ne dépendent pas des autres mais de soi seul, » ou renoncer à se faire valoir : maxime inestimable et d'une » ressource infinie dans la pratique; pernicieuse pour les grands, » parce qu'elle diminuerait leur cour, ferait tomber leur morgue » avec une partie de leur autorité, et les réduirait presque à leurs » valets et à leurs équipages; maxime qui les traverserait quel-

» quefois dans le goût qu'ils ont à mettre les sots en vue, et à
» anéantir le mérite lorsqu'il leur arrive de le discerner; qui ban-
» nirait des cours les brigues, les cabales, les mauvais offices,
» les bassesses, la flatterie, la fourberie; qui étendrait la liberté
» des hommes, et qui, au lieu de courtisans vils, inquiets, inu-
» tiles, toujours onéreux à la république, feraient d'excellens
» pères de famille, des juges intègres, de grands capitaines, des
» orateurs ou des philosophes. »

Parce que le livre des *Caractères* contient ces réflexions, sera-t-il considéré comme un ouvrage politique, et me sera-t-il interdit de citer Bossuet et La Bruyère, comme autorités en matières de religion et de mœurs, parce que leurs maximes font souvent la satire de cette science d'intrigue et de déception que l'on paraît être convenu d'appeler *politique*.

Je ne multiplierai pas les citations, Messieurs, pour vous prouver ce que notre défenseur, également distingué, comme jurisconsulte et comme homme de lettres, a si victorieusement démontré; que toute pensée morale, philosophique ou religieuse, se rattache nécessairement à la politique en quelques points, et que si par les mots de la loi, *nouvelles et matières politiques*, on entend autre chose que l'annonce des événemens qui intéressent les nations et les cabinets de l'Europe; les discussions spéciales des actes du Gouvernement, des projets de lois délibérés dans les Chambres, les transactions diplomatiques, et les arrêts des cours judiciaires, il devient impossible d'écrire dix lignes sur le commerce, sur les arts, sur les mœurs, sur les théâtres même, sans entrer dans le domaine de cette politique, dont on n'aperçoit plus les limites, et sans s'exposer à enfreindre une loi que l'interprétation peut dès-lors étendre à son gré.

Après M. Jouy, M. Arnault a pris la parole :

Messieurs,

On peut être conduit ici par de nobles causes. Un de mes enfans, justement puni puisque ses propres aveux ont confirmé l'accusation qui lui a été intentée, un de mes enfans a trouvé de nouveaux titres d'honneur dans la sentence rendue contre lui par votre justice. Je n'ai pas honte de m'asseoir à sa place. Cependant, je ne puis me le dissimuler, les causes portées à votre tribunal, ont, par leur nature, peu de gravité. Pardonnez-moi donc d'avouer, d'après cette considération, que j'aurais quelque dépit de m'y voir appelé, si le délit dont je me trouve responsable, et qui pèse sur toute l'association dont je m'honore de faire partie, si le délit dont je puis porter la peine m'était personnel; et surtout s'il portait le plus léger caractère du mépris ou de l'oubli des lois éternelles de la morale.

Après avoir traversé avec quelque dignité plus des deux tiers présumés de la vie humaine, quand je me vois cité pour la première fois devant des juges, il serait humiliant que ce fût pour une étourderie peu compatible avec des cheveux blancs. Il est de certaines fautes que la jeunesse atténue. Mon âge, à moi, les aggraverait et je m'estimerais malheureux si, même en leur faisant grâce, on pouvait m'en convaincre.

Mais le délit pour lequel je suis solidaire n'est pas de cette nature. Ce n'est pas même pour une indiscrète espiéglerie, pour une imprudente plaisanterie, que les rédacteurs du journal connu sous le nom de *Miroir*, sont assis sur le banc des accusés : c'est pour avoir contrevenu à une loi transitoire, c'est pour avoir traité de matières politiques sans y être légalement autorisés.

Je n'ajouterai rien à ce qui a été répondu par l'illustre avocat qui nous honore, j'allais dire qui nous absout, en se faisant notre défenseur. Une logique moins forte que la sienne, une éloquence moins puissante eussent anéanti cette accusation, vraie bulle de savon qui se réduit à rien dès qu'on la touche, et sur laquelle il a suffi de souffler pour la voir s'évanouir. Mais, Messieurs, plus la base de cette accusation est futile, plus doit être grave l'intérêt dans lequel elle est intentée. C'est ce qu'il vous importe d'apprendre, à vous qui siégez ici pour nous juger. C'est ce qu'il m'importe de vous découvrir, à moi qui suis appelé ici pour me voir condamner.

Je ne suis pas de ceux qui voient de la perversité en tout; mais il est peu de choses où je n'aperçoive l'empreinte de l'erreur. Nulle part, et jamais son influence ne m'a paru plus évidente que dans l'affaire qui nous occupe.

Cette influence agit depuis long-temps contre moi. Depuis long-temps elle a exercé sur moi des effets cruels. Pour vous mettre à même d'en juger, je suis obligé de reprendre les faits d'un peu haut et de remonter à une époque déjà éloignée. Permettez-moi cette excursion, elle n'a pour but que d'éclairer votre justice.

Après la première occupation de la France par les étrangers, vers le commencement de 1815, quelques hommes de lettres se réunirent et publièrent sous le titre de *Journal des Arts*, un petit ouvrage périodique, plus connu sous le nom de *Nain Jaune*, ouvrage dont le caractère était tant soit peu satirique, et dont la critique embrassait toutes les matières, mais qui n'a jamais paru qu'après avoir été examiné par des censeurs. Approuvé par eux, il le fut aussi par tous ses lecteurs ; oui, par tous, excepté ceux qui ne pouvaient se résoudre à rire de quelques épigrammes qui portaient plus encore le caractère de la gaîté que celui de la malice. Jusque là il n'y a pas de mal. Il est permis de ne pas rire de ce dont rit tout le monde, quand c'est de vous que tout le monde rit.

Mais l'amour-propre blesé n'est que trop souvent implacable; trop souvent il se venge de piqûres d'épeingle par des coups de poignard.

Quelques circonstances depuis 1815, servirent la rancune des hommes que la feuille en question avait irrités. Mais comme les rédacteurs de cette feuille n'étaient pas connus, ses ennemis imputèrent ses offenses à des hommes qu'ils connaissaient, et que les premiers peut-être ils avaient offensés. Une liste des rédacteurs du *Nain Jaune* fut publiée; véritable liste de dénonciation qui a depuis été consultée, quand on en a rédigé une autre que je pourrais désigner du nom de *table*.

C'est sur cette liste que j'ai été signalé, moi, comme collaborateur du *Journal des Arts*, quoique je n'aie contribué ni directement ni indirectement à la rédaction de ce trop fameux journal. Me demandera-t-on des garans de cette assertion? J'en appelle au témoignage de certaines gens qui autrefois rédacteurs du *Nain Jaune*, seraient bien coupables s'il n'étaient pas innocens; de ces gens qui le dénoncent aujourd'hui en justifiant leurs dénonciations par les articles qu'ils y ont insérés. Quoique ces gens-là n'aient ni conscience politique, ni conscience littéraire; quoique, semblables à ces forbans qui, munis de tous les pavillons, écument les mers; tout à la fois amis et ennemis, ces gens là soient également disposés à insulter ou à saluer, au gré de leur intérêt, le bâtiment qu'ils rencontrent; quoiqu'ils ne connaissent d'autre foi que celle qu'ils ont jurée à la fortune; quoique s'enrichissant entre les deux partis, ils aient pour principe, dès que la victoire a prononcé, de désavouer le plus faible, après les avoir servis et trahis tous les deux pendant le combat; j'en appelle à leur conscience; je les défie de me démentir. Mais non, j'en atteste ma parole : ma vie entière me donne le droit d'en être cru sur cette garantie.

Cet exposé, Messieurs, n'est pas étranger à la cause qui vous occupe. Accordez-moi encore un moment d'attention et vous verrez qu'il s'y rattache.

Six ans de malheur n'ont pas satisfait les ressentimens dont l'erreur que je signale m'a rendu l'objet.

Une nouvelle association se forme pour la rédaction d'un journal essentiellement littéraire, pour la rédaction du *Miroir*; des hommes de lettres recommandables par des succès de différentes natures me font l'honneur de m'admettre dans leur entreprise; aussitôt on s'écrie : c'est le *Journal des Arts*, c'est le *Nain Jaune* qui ressuscite! (1) et l'on en donne pour preuve mon nom inscrit

(1) Ceux qui douteraient qu'on ait songé à établir des rapports entre le *Nain-Jaune* et le *Miroir*, sont invités à lire le compte rendu de ce qui a été dit à la tribune de la chambre des députés, le 12 mai 1821.

sur la liste des rédacteurs. Dès-lors on renouvelle, au sujet du *Miroir*, les calomnies fabriquées contre le *Journal des Arts.* Lui attribuant autant d'esprit qu'on lui en refuserait si en le louant on n'espérait pas nous perdre, on cherche un but caché à chacun de ses articles, on donne une double intention à chacune de ses phrases, on en tord toutes les expressions, on en décompose tous les mots; et, se prévalant même des sons pour dénaturer le sens, on lui prête des calembourgs pour lui prêter des crimes.

Cela fait pitié! Et c'est pourtant, Messieurs, c'est sur de si misérables bases que l'action qu'on nous intente devait d'abord être fondée. La faiblesse de ces bases ayant été reconnue, on leur a substitué celles que notre défenseur vient de renverser.

Votre discernement, Messieurs, saura reconnaître la réalité sous l'apparence. Démêlant le véritable motif pour lequel nous sommes amenés devant vous, il se refusera à venger des torts que nous n'avons pas eus, et qui, pourtant, n'ont été que trop vengés! Il ne nous déclarera pas coupables d'un délit qui n'existe pas, et qu'on substitue à un délit qui n'a pas existé.

La nécessité me force à parler de moi. Quand j'attends votre arrêt, peut-être m'est il permis de vous dire qu'on ne saurait apporter trop de circonspection à prononcer sur un homme qui, personnellement irréprochable, est de plus protégé par un long malheur; sur un homme qu'une persécution sourde et trop active s'efforce de maintenir, en dépit même de la volonté du souverain, dans un éternel état de proscription; sur un père de famille dans lequel on frappe six individus, en le mettant dans l'impossibilité de tirer parti de son industrie, seule fortune qui lui reste.

Oui, Messieurs, tout me le prouve; non contens de m'avoir privé de la fortune que mes travaux passés m'avaient acquise, mes ennemis veulent m'empêcher de me saisir du fruit de mes travaux présens. Ils tentent tous les moyens pour me maintenir dans l'abîme de détresse où ils m'ont plongé. En vain j'use de toute mon activité pour en sortir; en vain j'ai consacré le temps de mon exil en composant d'utiles ouvrages. Le théâtre, où quelques succès m'avaient fait connaître, m'est interdit; et, pour m'enlever toutes les ressources que la littérature pouvait m'offrir, toute entreprise qui ose m'admettre au nombre de ses collaborateurs, est aussitôt signalée comme pernicieuse.

Le moins utile des artisans, le plus ignoble des spéculateurs, est plus favorisé que moi dans l'exercice de sa vile profession, dans l'exploitation de ses honteux trafics.

Il me semble, Messieurs, qu'en cela mes persécuteurs connaissent et servent bien mal les intérêts de la société. On les compromettrait sans doute, en favorisant les développemens d'une industrie qui lui serait nuisible. Mais les blesse-t-on moins grièvément en contrariant les développemens d'une industrie qui lui est utile? Celle que j'exerce est une des branches de la gloire nationale; je ne suis pas tout-à-fait déshérité de cette gloire. Mon nom, connu en France, n'est pas inconnu en Europe, il m'a obtenu quelques honneurs chez l'étranger; la patrie lui a quelquefois souri; et sans trop de vanité, peut-être m'est-il permis de me croire l'égal de tel homme qui parcourt, au milieu des encouragemens, la carrière fermée, même à ceux de mes ouvrages dont la représentation pourrait importer à l'intérêt de la grande société.

Cependant, je lui suis signalé comme ennemi. Pour justifier quelques individus qui me détestent, on m'accuse comme détestant la société entière ; on me suppose d'implacables ressentimens, parce qu'on m'a fait des maux irréparables. Tout ce qui porte mon nom est proscrit; car c'est mon nom qu'on persécute dans l'association sur les intérêts de laquelle vous allez décider.

Plus éclairés que nos dénonciateurs, vous serez justes vous, Messieurs. Ce n'est pas d'après le nom de l'auteur, mais d'après la nature de l'écrit que vous prononcerez; nous sommes tranquilles.

Au reste, pour vous mettre à même d'agir en toute certitude, renouvelant ici la déclaration qui a été consignée dans le *Miroir*, je n'hésite pas à lever le masque que j'ai emprunté jusqu'à ce jour, pour plaisanter, peut être avec plus de liberté, mais non pour offenser impunément et lâchement sous la protection de l'*incognito*, mais non pour rien dire que je ne puisse avouer à visage découvert.

Dénonciateurs, étudiez de nouveau le journal incriminé! Si dans les articles intitulés *Biographie dramatique*, si dans les notes signées l'*Éplucheur*, vous trouvez matière à la moindre accusation, qu'elle retombe sur moi seul. Mais quoi! ces articles là ne sont-ils pas aussi étrangers à la politique qu'aucun autre de ceux dont se compose notre journal, et dont je ne prétends pas décliner la responsabilité.

Un mot encore. Je n'ai aucune inquiétude sur l'issue d'un procès qui ne touche pas mon honneur. Quelle qu'elle puisse être, je regarde même cette circonstance comme heureuse, puisqu'elle m'a donné l'occasion de faire connaître à la société et à l'autorité suprême qui, sans doute l'ignore aussi, l'état d'oppression qui pèse sur un des plus paisibles citoyens; et la cause à laquelle il faut surtout l'attribuer.

A M. Arnault succède M. Dupaty, qui s'exprime ainsi :

MESSIEURS,

« Nous sommes accusés devant vous de contravention à la loi qui soumet les journaux politiques à la censure. Notre défenseur vous a démontré la frivolité de l'accusation. Permettez-moi, cependant, d'ajouter à son plaidoyer quelques détails qui ne seront pas sans intérêt dans notre cause, et qui vous mettront à même d'apprécier mieux encore la droiture de nos intentions, et la nature de l'action qui nous est intentée.

» Souffrez d'abord que je jette un regard sur la bizarrerie de ma situation particulière. Fils d'un magistrat, que son courage et son éloquence ont rendu célèbre dans les fastes de la justice et de l'humanité, le sort m'appelait à siéger parmi vous comme juge, et je suis assis devant vous comme accusé. La guerre et la proscription m'ont repoussé de la carrière où s'illustra mon père; mais si j'ai perdu son rang, son plus bel héritage me reste; j'ai conservé son ame!...... Les sentimens seuls honorent ou dégradent la place que l'on occupe dans le temple des lois; et je suis fier encore de celle où je me trouve, puisque je puis y faire éclater cet amour inébranlable de la vérité, de la justice et de la patrie, qui ne me manquera pas plus sur le banc des accusés qu'il ne m'aurait manqué sur le siége des magistrats.

» Dès que le Miroir fut attaqué, je me rendis, avec l'administrateur du journal, auprès du chef du bureau des journaux au Ministère de l'Intérieur.

» Après avoir discuté sur quelques articles, et avoir prouvé combien nos intentions étaient inoffensives, je priai M. de Lancy de m'expliquer la loi, et de me donner une instruction qui nous servît de règle sur ce qu'on pouvait dire et ce qu'on ne pouvait pas dire; sur ce qui est politique en littérature, et sur ce qui ne l'est pas. M. de Lancy, après être convenu qu'on n'avait pu trouver dans nos articles de quoi nous traduire en justice, me dit qu'il était impossible de me donner une instruction positive à cet égard, et que la loi ne déterminant rien, c'était à nous à juger ce que nous devions faire.

» Comment, me disais-je, on me défend une chose, et l'on ne peut me dire quelle est cette chose? On ne peut m'expliquer où commence le délit, où il s'arrête, ni dans quelle circonstance je serai coupable? Quand la loi me défend le vol, elle me dit au moins, que voler c'est prendre le bien qui ne m'appartient pas; et quand on me défend de parler *politique*, on ne peut pas me préciser ce que c'est que parler politique. Je serai jugé d'après une loi qui ne définit pas le crime. On me défend d'entrer dans un pays étranger, mais on ne veut pas me dire quelles sont les limites, où est la frontière que je ne dois pas franchir : on se réserve le droit de m'accuser de les avoir franchies, après m'avoir refusé de me les indiquer. On me soutiendra, à volonté, que je suis hors de ces limites indéfinissables, quand j'irai fronder les embarras dont la grande voierie laisse encombrer la *place des Victoires*, et que je me trouve en contravention, quand je vais assister, dans *l'autre monde*, à la représentation d'un proverbe ou d'un opéra comique.

Il est certain qu'on a si peu pensé que nous fussions en contravention à la loi qui soumet à la censure les journaux *consacrés* en tout ou en partie à la politique, qu'on ne nous a pas requis une seule fois de nous y soumettre; on nous a reproché des traits piquans et malins contre les ridicules et les mœurs du temps, mais aucun ne fut accusé d'être dirigé contre le Gouvernement.

Faut-il dire la vérité? Et pourquoi la taire? Il est d'un citoyen courageux de la dire, il est d'un magistrat vertueux de l'entendre; nous ne sommes point ici devant ce juge exécrable, ce Jeifreis français, qui ne demandait que trois lignes d'un homme pour le condamner.

Ce n'est point notre feuille que l'on attaque, ce sont les hommes qui la rédigent. En nous accusant, on n'a cédé qu'à l'importunité des délations; et quels sont nos délateurs? Ces êtres vils et dégradés qui s'enrichissent du salaire journalier accordé à l'espionage; quelques Trissotins et quelques Pinchesnes modernes qu'ont irrités nos jugemens littéraires; quelques-uns de ces hommes d'autrefois qui, ne rêvant que le retour de leurs vieux priviléges, voudraient bâillonner la pensée dans la bouche des amis de nos institutions, comme ils ont bâillonné la plainte, dans la bouche de l'infortuné de Laly.

Quel système a-t-on adopté pour soutenir l'accusation? Celui de l'interprétation! Si l'interprétation est permise, elle ne doit l'être qu'en faveur et à l'avantage de l'accusé.

Il y a vingt ans, je fus condamné à être déporté, pour avoir fait représenter un opéra comique qui attaquait les ridicules d'alors, comme le *Miroir* attaque les ridicules d'aujourd'hui. L'interprétation rendit l'auteur de cet ouvrage si criminel, qu'on le jugea digne d'aller périr en Amérique. Eh bien, Messieurs! étrange destinée des choses de ce monde; étrange preuve de la fragilité du jugement des hommes, ce même ouvrage a été trouvé depuis si innocent, qu'il fut permis, un an après, de le représenter. Cette pièce a été choisie pour être jouée samedi dernier devant le Roi, aux Tuileries.

Mille autres exemples pourraient vous démontrer le danger des interprétations en justice. A l'aide de ce système, on ne veut aujourd'hui qu'ouvrir les prisons à quelques hommes amis de la Charte et de la Patrie : plus tard, demain peut-être, on pourra s'en servir pour élever des échafauds. Craignez donc, Messieurs, de consacrer dans une cause aussi légère, une législation aussi pernicieuse! Nous mettons notre confiance dans le caractère sacré dont la loi vous a revêtus; et, quant à moi, quel que soit votre arrêt, je ne m'en plaindrai pas; je me souviendrai que mon père a reçu dix lettres de cachet, et fut enfermé à Pierre-Size, pour avoir professé les honorables sentimens qu'il m'a transmis, et qui m'animeront toujours.

Après le discours de M. Dupaty, M. l'avocat du Roi réplique une seconde fois; il cherche à tirer parti contre les prévenus de la conférence que M. Dupaty annonçait avoir eu lieu entre lui et l'un des censeurs; et revient ensuite sur quelques points de l'accusation.

Me Dupin lui adresse une vive et courte réplique. Il fait remarquer que, dans la conférence dont a parlé M. Dupaty, le censeur, quoique maître de faire la réponse qu'il voudrait aux éclaircissemens qui lui étaient demandés, a refusé d'entrer en explication : de sorte que les éditeurs du *Miroir* sont restés dans la même incertitude qu'auparavant, sur le sens qu'il plairait à l'autorité d'attacher aux mots *nouvelles et matières politiques*.

L'avocat s'élève ensuite à d'autres considérations : Lorsqu'on accuse, dit-il, on ne doit pas flotter dans le vague; il faut que les faits qu'on poursuit soient des actes repréhensibles; que les hommes qu'on traduit en jugement soient des hommes coupables.

Alors, surtout, que l'on fait des *procès politiques*, il faut examiner soigneusement s'il est *politique* de les faire.

Or, je le demande, est-il politique d'attaquer pour une contravention imaginaire, et de traduire sur le même banc où vous venez de juger les êtres les plus méprisables, des hommes recommandables par les qualités les plus brillantes de l'esprit: des hommes, dont les uns ont été de l'académie, d'autres en font actuellement partie, d'autres enfin sont dignes d'y prendre place; des littérateurs dont le talent est également exercé en vers et en prose; qui sont les historiographes du bien et du mal, et qui ont la puissance d'éterniser l'infamie aussi bien que la gloire? Est-il équitable de les persécuter à outrance, de déclarer ainsi la guerre à toutes leurs productions, et de les empêcher de tirer une juste indemnité de leurs travaux littéraires?

Est-il politique d'amener par de telles provocations, des discussions qui font plus d'effet sur le public que cent numéros du journal qu'on affecte de redouter?

Est-il politique d'attaquer de pareils hommes avec d'aussi faibles moyens? des moyens si mal calculés, que plusieurs même sont abandonnés sans discussion; témoin l'article sur l'homme en *us*! D'autres attaques sont plus inconsidérées encore; je n'en veux pour preuve que cette application injurieuse que le ministère public a faite au *gouvernement actuel*, des mots *pauvre administration*, qui se trouvent dans l'article *Catalani*. Assurément ce sera quelque jour un *article de mœurs* très-piquant, lorsqu'on racontera qu'à l'époque où nous vivons, on a institué des accusations sur de misérables *calembourgs?* Malheur des temps! Funeste abus de la doctrine des interprétations! On ne se contente plus de poursuivre les choses, on joue sur les mots, sans s'apercevoir en même temps qu'on joue sur la fortune et la liberté des citoyens! Telle est pourtant, Messieurs, l'accusation qu'on vous donne à juger!

(De longs applaudissemens, que les huissiers ne peuvent comprimer, terminent la séance. La cause est continuée à huitaine pour prononcer le jugement.)

---

La cause a été appelée de nouveau vendredi 18 mai, et le jugement a été rendu dans les termes suivans :

« Attendu que le journal intitulé le *Miroir*, ne présente pas dans son ensemble les caractères qui, d'après la loi du 31 mars 1820, pourraient le faire soumettre à la censure;

» Que si quelques-uns de ses articles offrent des allusions et des critiques qui peuvent paraître étrangères aux sujets que les auteurs avaient annoncé devoir traiter, ces allusions et ses critiques, dont le sens est détourné, et ne peut s'induire que par interprétation, ne suffisent pas pour faire considérer ce journal comme consacré, en tout ou en partie, aux nouvelles et aux matières politiques;

» Le tribunal renvoie les éditeurs des poursuites dirigées contre eux. »

# LE MIROIR

## DES SPECTACLES, DES LETTRES, DES MOEURS ET DES ARTS;

PUBLIÉ PAR

MM. JOUY, de l'Académie française; A. V. ARNAUT, ancien Membre de l'Institut; EM. DUPATY, E. GOSSE, CAUCHOIS-LEMAIRE, et autres gens de lettres.

Accompagné de Portraits, de Costumes de théâtre et autres dessins lithographiques des premiers artistes.



## *PROSPECTUS.*

Un Journal des Théâtres, rédigé avec goût, avec exactitude et impartialité, est un véritable miroir des mœurs; c'est au théâtre que se montre la première et la plus forte empreinte du caractère d'un peuple; le but principal qu'on s'y propose est de plaire aux hommes qu'on y rassemble; pour leur plaire on les flatte; pour les flatter on les imite. Un écrivain distingué, qui lui-même compte plus d'un succès sur la scène, a dit, dans un discours à l'Académie française, dont il était membre alors, que la seule collection des Comédies françaises était une histoire complète des mœurs en France; idée juste, fine, et que l'on pourrait étendre plus loin encore. La Tragédie, politique après la Fronde, galante et pompeuse sous Louis XIV, dégénérée sous la régence, philosophique au 18e siècle, terrible et sanglante pendant nos troubles civils, flotte aujourd'hui dans la même indécision que nos principes et nos mœurs. Les innovations introduites au théâtre par Beaumarchais et Mercier, ont précédé les innovations politiques.

Mais, pour mettre cette vérité dans tout son jour, pour former une histoire complète de nos mœurs de la série de nos pièces de théâtre, il serait nécessaire d'en compulser les volumineuses annales, de relire chaque pièce pour y trouver les rapprochemens historiques sur lesquels se fonde l'ensemble du système : un journal fait avec soin rendrait ce travail extrêmement facile; les rédacteurs du *Miroir* l'ont entrepris.

Non-seulement ils se proposent de donner une analyse exacte des ouvrages nouveaux; mais ils en indiqueront le but et en montreront l'analogie avec l'état présent des mœurs; ils distingueront les fruits bizarres d'une imagination qui n'est d'aucun siècle, des seuls bons ouvrages dramatiques; c'est-à-dire de ceux dont la nature, la société, ou du moins la circonstance auront fourni les modèles.

Ils ne se borneront pas à cette critique banale qui se réduit à prononcer sur un ouvrage suivant qu'il est plus ou moins conforme aux règles établies et aux préjugés reçus; ils entreront consciencieusement dans l'esprit et dans les détails des moyens employés par l'auteur, et tâcheront d'en apprécier les inconvéniens ou les avantages dans les seuls intérêts de l'art.

Fidèles au culte des grands maîtres, sans repousser dédaigneusement les améliorations dont la scène étrangère pourrait fournir l'idée, ils seront néanmoins inexorables pour les produits monstrueux des muses transrhénanes et britanniques, tout en rendant justice à ce qu'elles peuvent avoir d'énergie et d'originalité.

Deux articles par mois seront consacrés à la revue comparative du théâtre anglais, dont on indiquera les progrès ou la décadence, sous le double rapport de l'art dramatique ou de l'art théâtral. Dans cette revue, comme dans celle du théâtre français, on ne professera point de doctrine exclusive; on n'affectera de parti que celui de la vérité, du goût et du talent. Les talens déjà classés, et qui ont, pour ainsi dire, conquis leur existence, ont droit à des égards; on les leur conservera, sans craindre néanmoins d'exprimer sur leur compte des observations critiques que le mérite doit accueillir quand elles sont dictées par la bonne foi et par le sentiment éclairé des arts.

Cette critique judicieuse épargnera au public ces remarques, pour le moins oiseuses, sur des défauts physiques et irremédiables dont l'acteur ne doit compte qu'à son entrée dans la carrière : aux grands théâtres, nous demanderons quelques hardiesses ; aux théâtres secondaires, quelque pudeur ; sans prétendre soumettre les tréteaux de la Folie à la sévérité des doctrines, nous nous efforcerons d'en bannir une nature et des mœurs trop basses, où la vérité même est un défaut de plus.

Quant aux théâtres lyriques, aucune secte, aucun préjugé de mode ou d'école n'enchaînera nos opinions : Gluckistes, Mozardistes, Spontinistes, Rossinistes, nous trouveront également prêts à payer à leur idole notre tribut d'encens, tout en nous réservant le droit d'en rabattre souvent la fumée par quelques grains de critique.

Ce qui distinguera plus particulièrement ce Journal de toutes les feuilles du même genre qui ont été publiées jusqu'ici, c'est que notre *Miroir* réfléchira non-seulement les scènes du théâtre, mais les scènes plus naïves et non moins comiques qui se jouent au parterre et dans les loges. Le théâtre est le rendez-vous du luxe et de l'insdustrie, du travail fatigué et de l'oisiveté fatigante ; c'est parmi nous du moins un point d'attraction irrésistible pour toutes les classes de citoyens : là se trouvent divisés, pour ainsi dire, par ordre de fortune et de rangs, tous les ridicules de la société ; là les spectateurs sont en scène, les prétentions s'affichent, les secrets du cœur se dévoilent, les sentimens publics éclatent ; là plus d'un contraste piquant, plus d'une affectation hypocrite, s'offrent d'eux-mêmes à l'observateur attentif. Le plaisir, le malaise, l'attention fixée sur la scène, font tomber plus d'un masque, et nulle part les vices et les folies, les faiblesses et les erreurs, la mode, la coutume, les mœurs du jour et l'esprit du moment, ne se présentent plus à découvert que dans le lieu même où l'on vient pour les voir peindre et les entendre railler. *L'Observateur au Théâtre* nous fournira un article par semaine.

Nous ne nous bornerons pas à peindre les ridicules qui vont s'afficher ou se laisser deviner dans les salles de spectacle ; nous les observerons dans les salons, dans les lieux publics ; nous signalerons à la muse comique les modifications que le siècle et les circonstances ont apportées dans le dévelloppement des caractères déjà tracés par les maîtres ; car le temps change la physionomie des vices comme il change les traits de l'homme. Nous offrirons les nouveaux points de vue sous lesquels ils pourraient être reproduits, et nous raconterons les anecdotes qui leur auront donné l'occasion de se trahir. Nous ajouterons à ses observations une Notice régulière des progrès ou de la décadence des théâtres de province ; une revue exacte des ouvrages nouveaux ; un coup-d'œil rapide sur les productions des beaux-arts et des arts industriels et mécaniques. Nous donnerons tous les quinze jours un article biographique sur un acteur, un auteur dramatique ou un artististe célèbre, et tous les jours une notice exacte et très-détaillée des diverses opérations qui se font à la Bourse de Paris. Enfin, pour ajouter un intérêt de plus à cette feuille, nous l'accompagnerons de quatre Gravures par mois, représentant des costumes coloriés des pièces en vogue, d'après les deseins de MM. *Garnerey* et *Hyp. Lecomte* ou des croquis lithographiques de MM. *Horace Vernet*, *Picot*, *Rougeot*, *Bouton*, *Watelet*, *Régnier*, *Lecomte*, *Mongin*, *Desmoulins*, *Truchot*, et autres lithographes distingués. Cette collection formera un *Album*.

Ainsi ce Journal, si les auteurs atteignent le but qu'ils se proposent, présentera au Monde, suivant l'expression du tragique anglais, un miroir où il pourra voir clairement ses qualités, ses défauts, ses difformités et ses grâces (1).

Le MIROIR a paru le 15 février dernier. Il est quotidien et composé de quatre pages in-4°, à deux colonnes, caractère Petit-Romain.

Le prix de l'abonnement est, pour Paris, de 6 fr. par mois, 15 fr. pour 3 mois, 27 fr. pour 6 mois et 50 fr. pour l'année. Les frais de port pour les départemens et l'étranger seront payés en sus à raison de 60 cent. par mois.

On s'abonne au Bureau du Journal, rue Notre-Dame-des-Victoires, n° 40, et chez les principaux libraires de la capitale, des départemens et de l'étranger.

Les lettres et paquets non affranchis resteront au rebut.

(1) Hamlet, acte 3, scène 2.

DE L'IMPRIMERIE DE CONSTANT-CHANTPIE, RUE SAINTE-ANNE, N° 20.

www.ingramcontent.com/pod-product-compliance
Ingram Content Group UK Ltd.
Pitfield, Milton Keynes, MK11 3LW, UK
UKHW020505230726
13925UKWH00005B/2098

9 782014 046663